愛する言葉

岡本太郎
岡本敏子

イースト・プレス

愛する言葉

岡本太郎
岡本敏子

イースト・プレス

好きな人がいたら、
真っ直ぐに見つめること。

ブック・デザイン　鈴木成一デザイン室

目次

構成・監修　平野暁臣

つらぬく

愛している。
好き。
何かしてあげたい。
それだけでじゅうぶんじゃないの。

瞬間を生きる。いまだけなのよ。

賭けなきゃ。
自分を投げ出さなきゃ、
恋愛なんて始まらないじゃない。

つらぬく

いいじゃない、傷ついたって。
楽しかろうと苦しかろうと、
それが人生なんだもの。

もっと自分をさらさなきゃ、
なにも始まらないわよ。

自分を大事にして、
傷つきたくない、
そう思うから不安になるんだよ。

自分が
その人を好きだという、
その気持ちに殉じればいい。

つらぬく

恋愛だって芸術だって、おなじだ。
一体なんだ。
全身をぶつけること。
そこに素晴らしさがある。

ぼくの場合、
愛はすべて闘いだった。

究極の優しさは、
いのちを預けること。

ほんとうは傍にいたい。
二十四時間抱き合っていたい。
でもそれが出来なくても、黙ってその人を感じている。
その人が世界の中にいるというだけで、
存在が充たされ、磁石の針がぴたっと一つの方向を指すように、
心はその人に向かっている。

美談でもないし、
恋でもなかったかもしれない。
ただ、本当に、
好きで、好きで、好きで、好きで、
なんでもやってあげたい。

「愛してる」なんて言われたことなんて、
一度もなかった。
でも、わたくしにはちゃんとわかってた。

つらぬく

恋愛というものは、
まったく〝無条件〟なんだ。

女には、
生まれつき筋をつらぬく面がある。
男よりずっとしっかりしているよ。

好きになった男と女が、
無条件に自然に、
そのままの姿で合体する。
それが純愛だ。

つらぬく

本当に一度でも、
人生で心の触れ合った人間がいたら、
そのために死んでもいい。

どんなに仲のいいふたりでも、
必ずどちらかが満たされぬ思いをもっている。
一緒であるってことはあり得ない。
でも好きなの。

みんな、
生まれたときは芸術家なんですよ。
人間同士としての誠実さの中で、
すくすくと育った子どもたちは、
人生においても、
恋愛においても、
芸術家のままでいられるのよ。

太郎さんに好きだって言われたことなんか一度もなかった。
言われなきゃわからないようじゃ、
はじめからやめちまった方がいいわよ。

つらぬく

なによりも、いまが大事なのよ。
いま、この瞬間に全存在がパッと輝くの。

「私のこと愛してる?」とか、
「どのくらい好きって?」って。
だいたい、そんなことを問いつめてどうするの。

つらぬく

バカじゃないのと私は思うよ。
いま、そこにいる二人が、
向き合っているほうがずっと実在なんだから、
そのことを大事にすべきじゃない。
やきもち焼いている暇はないの。

出会いがないという人は、
出会ったことに気づいていないか、
自分に都合のいい恋をしたいと、
思っているだけなんじゃないかしら。

男の人が転んじゃったり、失敗したらね、
一緒に泣いてあげてもいいし、しょうがないなあと思ってもいい。
大切なことは、やりたそうなときにけしかけてあげること。
「あぁ、それはいいわね、あぁ、すごい！」って、
言ってあげれば男の人はどれほど元気になりますか。
男の子が元気になったら、女の子はもっと楽しくなるのよ。

やっぱり女と男は、引き合うものだもの。

つらぬく

やれることだけを一生懸命やるの。
「私はやれるだけのことをやっている」って思ったら、
そんなにヒステリックになることもないと思うわ。

いつでも一緒に死ねる人。
いのちをワシ掴みにするような恋。
その人が何も意思表示をしてくれなくても、
遠くからでもじっと見ていたい、
出来るなら何とかしてあげたい、
お返しを求めない無償の情熱が恋なの。

いつでも愛はどちらかの方が深く、切ない。

情欲に流されるのはいい。
だけど、流されているという自覚をもつんだ。

〝愛〟の前で自分の損得を考えること自体
ナンセンスだ。
そんな男は女を愛する資格はない。

つらぬく

恋愛っていうのは必ず片思いなのね。

いま、ありったけ、精いっぱい生きている。
それだけしかない。

つらぬく

あるのはこの瞬間だけ。

はぐくむ

男と女は
一緒に成長するの。
男に惚れることによって、
女もふくらむ。
男はまた、
女に応えようと、
もっといい男になる。

女は男によって磨かれる、
と同じように男は女に影響される。

はぐくむ

けしかけて、もっともっと男の子を男の子にするの。

「まわりを見わたしても、ロクな男がいない」
だがそれは、女も悪いと私は思う。
お互いに相手を引き出し、
ふくらませなければ。

はぐくむ

「ああ、それは素敵ね。やれば。
私は見ている。あなたがやるのを、
見たいわ」と言って、にこっとしてほしい。
それによって、男は雄々しく、
健やかになるのよ。

女が心からこうあってほしいと思い描き、
情熱的に見つめると、男はそうなってしまう。
やって御覧なさい。思えば、そうなる。

僕が秘書の平野君（岡本敏子）にもっているのは
絶対的な信頼だな。
相手がすべてを捨てて、
こっちに全身でぶつかってくると、
それにやはり全身でこたえる。

愛情だけが二人の仲を結んでいる。
無条件の関係だから、
男も女も相手に対して、
いい加減にはなれない。
その緊張感が女を、
また異性としての男をみがくのだ。

自分は自分で立っていること。
そうでないと、いつまでたっても
その恋愛はむなしいままね。

なんにも突っかえ棒はいらない。
平気で、素直に、ありのまま生きている。
それが私。

わたくし、よく言われてたの。
お前さんは頭もよくないし、
センスがいいわけでもないけど、
本当のことしかいわないからいいよって。

はぐくむ

誰でも
初恋を経験して大人になる。

恋愛というのは、
とにかくエゴイスティックになるけれど、
相手を想いやる余裕を持ちたい。
人生だって、余裕のある、
ひろがりに満ちた人生のほうがいいだろう。

はぐくむ

女は男によってひらかれる。それが私の実感。

戦友だからね。
塹壕の中に一緒に身をひそめて、
そら出るぞって、パっと飛び出す。
しょげたり、がっかりしている暇なんてないのよ。
戦争なんだから。

戦闘には向いていないけれども、
受け入れたり、
耐えたり、
いたわることには、
広いキャパシティを持っている。
それが女よ。

戦っている男、
あるいは戦場に出て行こうとしている男こそ、
最高に色っぽいのだ。

はぐくむ

ドキドキしてハラハラして、
一生懸命ついていくだけで精いっぱい。

岡本太郎さんを好きになって、
素敵な女性が近寄って来たら、
当然だと思うし、
私も嬉しい。
一緒にいろいろなことをしたいと思う。
あれだけの男なんだから。

はぐくむ

一人の女がこれだけ心の底から尊敬し、慕い、
全存在を賭けているということは、
男を力づけないはずはない。
私は秘書として有能でもなく、
芸術家でもなく、
いい女でもなかったが、
あらゆる瞬間に自分のありったけのものを注いだ
ということは胸を張って言える。
出し惜しみはしなかった。

私は岡本太郎によって育てられた。
こんなにのびのびと平気で、
ありのままでいられるのは、
彼が
「それでいいんだよ。それが敏子なんだ」
と認め、けしかけてくれたからなの。

はぐくむ

特別なことじゃないわよ。
そのときそのときを、ただひたむきに生きているだけのことだもの。
別にそうしようと思ってしてきたわけじゃないけれど、
私ってそういうふうにしかできないタチなのね。
まあ、一種のアホウよ。

ボクが心の進んでいない仕事なんか
つい引き受けてやってしまったり、
絵を描くときでも違った色を使うと、
彼女はむくれるんだ。
われわれの喜怒哀楽というのは、
そこにあるわけだ。

彼女を助けたいと思うんだったら、
そのことに集中すればいい。
全身をなげうって。

女の人がよくないと思うのは、
男の子がなにかをがんばって失敗したとき、
「ほらごらんなさい。あのとき言ったじゃないの」って、
すごく情熱的になるところ。思い当たるでしょう?
マイナスのときだけ情熱的になるのは女の子の卑しさなのよ。

自由である、ということが男の魅力の前提条件だ。

男が自分を縛って、
いじいじと小さくなってしまうくらいなら、
女が半分背負いたい。
少々無鉄砲で、先の見えないことに飛び込む男でも、
世間では無視して認めてくれないようなことに熱中する男でも、
やりたいことがあって、眼の光ってる男の方がいい。

たとえ別れていても、
相手が死んでしまっても、
この人こそ自分の捜し求めていた人だ、
と強く感じとっている相手がいれば、
それが運命の出会いだ。

好きな女性が、
他の男と結婚しようが、
こちらが他の女性と結婚しようが、
それはそれだ。
ほんとうの出会いは、約束ごとじゃない。
恋愛というものさえ超えたものなんだ。

はぐくむ

男は変に気負わずに、
信頼する女に身を預けてほしい。
それがどんなに人生を豊かにするか。

太郎さんが『男女』っていう素敵な字を書いたの。
男と女がくっついてひとつになってるんだけど、男が上。
だから「やっぱり男が上なのね」と言ったら、
「そうだよ、いつだって女が支えてるんだ」って言うのよ。
ちゃんとわかってらっしゃる。

男と女は支えあって生きるのだ。
――ほんとうにそう言いきれる、
パートナーを持ちえた人は、
人生の勝者です。何でも出来るの。

もっともっと励まして、
引き出して、
より大きな夢に挑戦させたい。

ひきあう

もしかしたら
この人は、私のために
身を捨ててしまうんじゃないか、
という危険な香りをほのかに漂わせて
近寄ってくる男がいたら、
これは美貌よりも、
権力よりも、
勿論お金よりも、
段違いに魅力的ね。

「お前さんが気に入ったから、
ほかの女には見向きもしない」
なんて言ってほしくない。
「男」であってほしい。

ひきあう

こちらが女であることなど意識していない、
そんな風でいい。
ふと見かえった視線のたゆたいに、
あるいはにこっと笑った顔が思いかけず子供っぽく、
女がゾクゾクッとする折はいろいろだ。
そこはかとなく漂う、〝男〟という存在そのものの、
女にとっては危険な、匂い。

私は胸を張って言う。
この人に惚れずにいられましょうか。

ひきあう

愛をうまく告白しようとか、
自分の気持ちを言葉で訴えようなんて、
構える必要はない。
きみの身体全体が愛の告白なのだ。

自分が何か満ち足りていない。
欠落した部分がある。
それを求めて渇望はうずいている。

ひきあう

人は自分にないもの、
むしろ反対のものに惹かれるんだ。

「恋なんて若気の至りだ」とか
「いまさら、そんな」とか。
なぜ？
八十や九十になって、
若気の至りをやってはいけないの？

わたくしは女だから、男の人が大好き。
見ているのも大好きだし、話を聞くのもわくわくと楽しいの。
ステキな美青年はもちろんだけれど、
醜男には醜男の魅力があるのよ。

どんな人間であろうと、
ひたむきに、
いまを生きている姿は
切なく美しい。

ひきあう

男の色気は年齢には関係ないのよ。

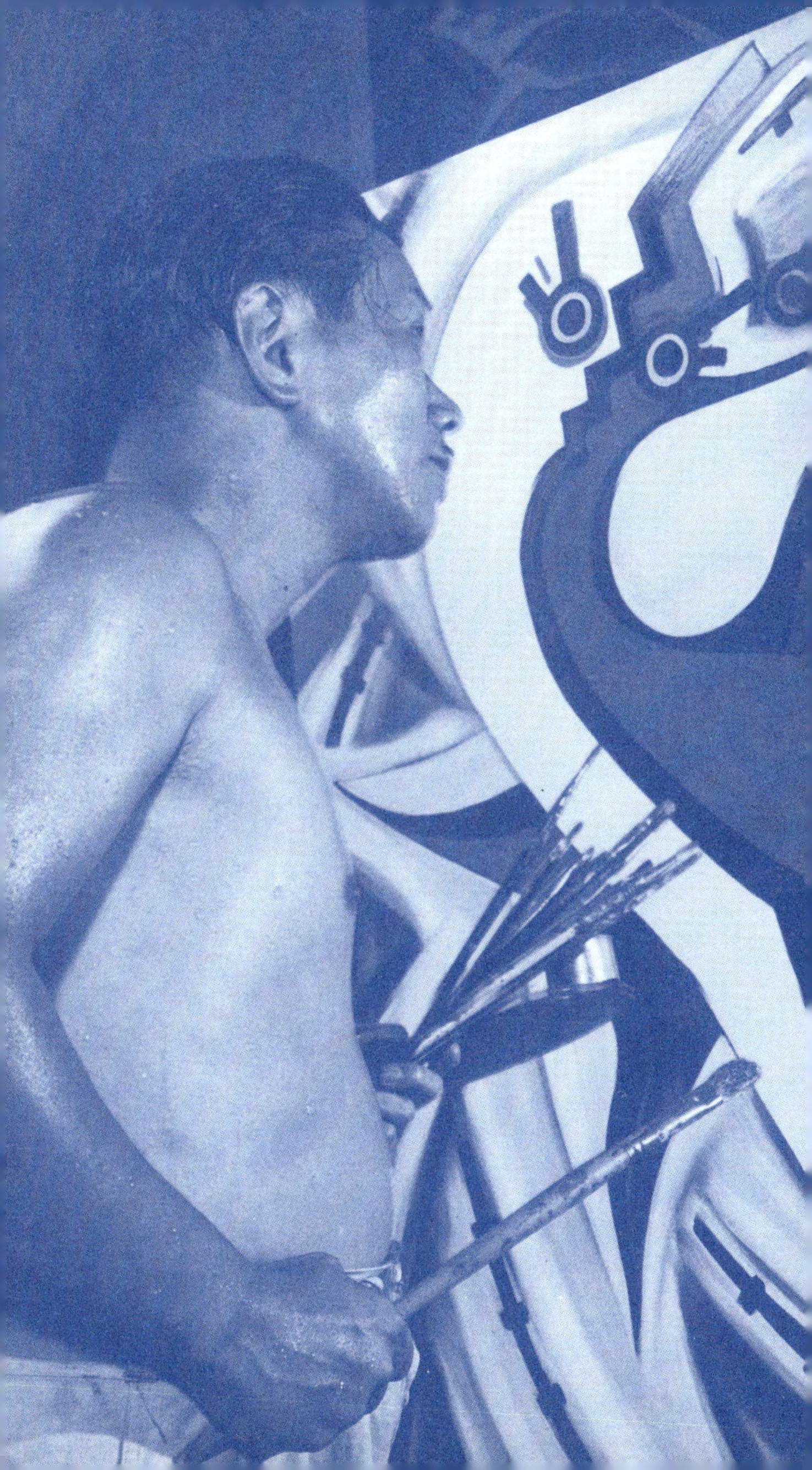

相手に向かって真っ直ぐに突き進む。
永遠の若さは足元にあるのよ。

素敵な男でなければ、
女はつまらない。
男を、そういう魅力的な存在にするのは、
実は女の働き、役目なのよ。

ひきあう

クヨクヨしたら男の魅力は出てこないよ。
やたらに相手を気にしないこと。
もっと鋭敏な感受性と、
十分な優しさをもって、
どんどん平気で、
相手をカバーしてみるんだ。

恋のはじまりは瞬間でも、
つき合いが長びくかどうかは、
美醜よりも人間味にかかわる問題だ。

ひきあう

男の人は、
何といっても色っぽくなければならない。
これが魅力の前提条件。

やっぱりちょっと、
野蛮でないと色っぽくないもの。

ひきあう

セクシーじゃない男なんて、
しょうがないわよ。

恋愛は、
男と女がそれぞれに、
「自分」であってこそ成り立つもの。
二人がいまこの瞬間いっしょにいる。
それだけで素敵なことなの。

ひきあう

ぼくがいちばん好かないのは、
〝あたしなんか〟という女性だね。
屈折している。
〝あたしなんか〟といいながら、
その実、相手に、
〝そんなことないですよ〟
といってもらいたいんだ。

ためらい、投げ出し、
そしてまともに自分の行為に対して、
悪びれない女性。
そういう人こそ、
いじらしく、可愛らしく、
また頼もしい。

ひきあう

自分の身を
いとわずに思ってくれる。
無条件に。
こちらも
いのちを投げ出しても悔いないほど、
嬉しい。

「自分らしく生きたい」
そういう人がわりに多いのよ、
男の人でも、女の人でも。
「自分らしさ」なんて、
そんなもの、
ほんとうにあるのかどうかもわからないのにね。

ひきあう

人間というのは
生まれつきのかたちで、
生きているのがいちばん美しいんだ。

美ってものは、見方次第なんだよ。

男は力がなければいけない。
私はなにも威張っていろとか、
暴力的であれと言っているのではない。
静かで、ふだんはおとなしくても、
存在感がある、という男に女は弱い。

ひきあう

「女は何のかんの言っても、所詮、金だ」
なんていい気になっていると、
結局、ほんとうの女の魅力、
凄みには遭遇できないものと、
あきらめるべきね。

「女ってのはたいがいバカなんだよな。
バカなんだけどわかってるんだ」って。
いいでしょう？　わかってるのよ。

ひきあう

嬉しい人。凄い人。こんな男に女は鍛えられる。

かさなる

人間同士というのは、
心が通いあえば、
男だろうが女だろうが、
一体になることができる。

セクシュアルな結びつきではなくても、
感動する女性が存在するんだよ。

かさなる

変に意識して
相手をかばってやろうとか、
いたわってやろうというのじゃなく、
お互いに〝一体〟になろうとする気持ちが、
優しさなんだ。

女は、自分の中に子宮を持っている。
自分で自分をはらむことは出来ないけれど、
感覚として、自分を包み込むことは難しくない。
だから女は一人でも生きてゆける。
だが男の人は可哀そうだ。
彼らはみんな、母狐に追っ払われた孤児なのだ。

私は太郎さんを、
なま身の生が終わっても、
最後の最後まで、
女にいのちを預けてくれた人として、
大切に、胸の谷間に、子宮の奥に抱きしめて、
ともに生きてゆきたい。

掌で撫でまわすように、
細かいひだまでわかって、
一体になりたい。

かさなる

男とか女とか、
意識するからおかしくなるんだ。
男女はともに一体なんだからね。
一体というのは人間的にという意味だ。
だから、男と女という意識を
のり越えなければだめなんだ。

初めて接吻するときの
態度がとても大事だと思う。
その女性の実態があらわになる。
それは精神と肉体が
微妙にからんでくる瞬間なんだ。

かさなる

相手の名前も知らず、
地位も知らず、
誠実かどうかも知らずに、
目と目が会った瞬間、
気持ちと気持ちがあったら、
そのときにすべてをささげるべきだ。
その後のことは約束しなくたっていい。

セックスというのは、
本質的には強姦だという考え方もあるんだよ。
性の快楽と死とは極限で結びついている。

かさなる

いつでも私の胸に倒れ込んで来ていいのよ。
私には用心しなくていいの。

子宮の中にくるみ込んで、
あったためてあげたい。

恋人でも、御亭主や奥さんでもいいわ。
ほんとうに、この人は　どんな顔をしているんだろ、
どんなことを考えてるんだろうかって、
まじまじと見たことありますか？
ないでしょう。

ロマンチックな感情。
かけひき。
色っぽいゲームだな。
それが嬉しいんだ。

最後の攻撃をしかけて口説く。
踊りながらでもいいし、
このときこそ腕のふるいどころだね。

かさなる

どんなに多くの女性にチヤホヤされようと、
ほんとうに大切なことは、
女性と溶け合うことができるかどうかなんだ。

無理に母性愛と構えて、
頑張ることなんかない。
でも、わが身の体感として、
子宮のうずきがあることは確かだ。

女にとって、組織や役割なんて、
いつでも脱ぎ捨てられるガウンのようなもの。

ときにまとっていてもいいけれど、
そんなにしがみつくほどの価値とは思えない、
男もそういうものはもう少し気軽に考えて、
中身の方をのびのびとふくらませてほしい。

女は可哀そうなもの、
独りでひそかに泣いているものを、
胎内にくるみ込んでやりたい本能がある。

それは女の無条件な優しさなのだ。
岡本太郎はどういう訳か、それを知っていた。

どんな女でも、
底の底ではあったかく優しい。
許して包み込んでくれる。
性悪女でも意地悪婆さんでも、
女はあったかい。

女性たちは、自分が女として見られていると刺激されて、ハイになるのよ。

かさなる

女には理屈では説得できない、
独特の脈絡というものがあるのよ。

ぶつかる

男と女は真剣勝負。
それが楽しいのよ。

眼と眼を見あわす。
ほんとうに真正面から相手を見なければダメ。

私の方を向いてくれなければとか、
優しくしてほしいとか、
そういうのは我欲ね。
所有したいというのは、
ほんとうの恋じゃない。

その人が自分のそばにいなくて、
「さびしいな」と思うとするでしょう。
「もしかしたら、誰かほかの人のところに
行っているかもしれない」って想像したり。
でも、ニコニコしてればいいじゃない。
そのときはつらくても、その人が帰ってきたら、
「わあ、うれしい！　帰ってきた！」って、
笑ってればいいの。

ぶつかる

彼女は
精神的に肉体的に、
ぼくの寂しさをいやそうとする。
しかし、
そういう気持ちがわかればわかるほど、
ぼくは孤独になってくる。

恋愛の始まりというのは、
誰でもよそゆきの気持ちになる。
お互いによそゆきだということを、
暗黙のうちに知っているよね。
だから、スリルがあるんだな。
それでいて、
お互いに相手の隠している実体を
猛烈に知りたがっている。

人間は男でも女でも、
本当に〝生きる〟ためには、
自由でいなきゃいけない。
だからぼくは〝結婚〟なんて
枠にはまりたくないんだよ。

ぶつかる

女性の話？
いっぱいありすぎて、どれから話していいのかね。

異性を恐れぬこと、
そして謎を解くこと、
それが人生の深みに入る
第一歩だ。

ぶつかる

愛情があるかどうかを確認しないと
成り立たない関係なら、
やめたほうがいいわね。
彼のことを好きなんでしょう?
いいじゃない、それで。

みんな自分が大事で、痛いのは嫌。
それでは生きている、という実感は掴めない。

ぶつかる

告白するって、何を言うつもりなんだい。
〝私は、貴女を、愛しています、アイ・ラブ・ユウ〟
とでも言うの？
そんなこと言われたら、
気のきいた女性なら吹き出しちゃうよ。

恋愛というのは、
お互いが溶け合っているようでいて、
お互いに観察しあっていることなんだ。

ぶつかる

男と女の関係は、
証明書を登録し、
形式的にワクに
はめられるようなものじゃない。

口説く必要なんかないんだ。
目と目があえばいい。
あとは行動あるのみさ。

ぶつかる

男は考え違いをしている。
一生懸命、無理して役割を果たしているのに、
女はちっともわかってくれないと心外に思っているだろうが、
わたくしたちは、何もそんなこと頼んでいないのよ。

たとえ地位や権力がなくっても、
ほんとうに大事でいとしいのは、
お互いの裸、かけがえのない、
いのちのありようだから。

なにが起こるかわからない。
一刻一刻展開する。
生きるって、そういうことでしょう。

ほんとうに素晴らしい女性というのは、
目ではなく、
心にふれてくるものなんだ。

激しく自分が惚れていると感じるときは、
相手が裏切ったように見えるときだな。

ぶつかる

自分だけの問題なの。
あふれる愛を人から与えてもらおうと思っても、
それは無理。

お互いに相手を引き出すの。
自分だけでは「自分」にはなれないもの。

フェアにお互い自立した男女関係を求める。
だが最後は許してくれる女、
抱きとってくれる存在を信じている。
それは闘う男の
痛切な夢なのかもしれない。

男と女が本当に見つめあい、
付きあうというのは辛いことでもある。
切ない。
だって、別の人間同士なんだから。

ぶつかる

どんなやり手の、
辣腕といわれる男でも、
惚れた女には甘くて、
抜けてるってことがある。
反対に、相当したたかな、
がっちりした女でも、
男に対してはどこか無条件で、
優しい。
それが異性同士のふれあいの、
微妙さじゃないかな。

ほんとうの対決というのは、
自分を相手にぶっつけ、
相手も自分にぶつかってきて、
お互いがそれによって
活きることが対決なんだよ。

恋なんて、
人生の中では一番無目的で、危なくて、
自分を投げ出さなければできないことなんですもの。

弱くたっていい。
そういう自分のまま、貫きとおすんだ、
と覚悟を決めるのよ。

ぶつかる

女性が、
男の人の話に心から耳を傾けること。
「うわぁ、素敵。それで?」と
眼を輝かして夢を聞いてあげること。
それだけでいい。

誰も認めてくれなくたっていいの。
「わたしってていいなあ!」って、
ときどきにっこりして、
自分を抱きしめるの。
そうすれば、恋は豊かよ。
そういう自分を、
ある人のために、
無条件に、惜しげもなく投げ出すのよ。

自分が自分自身に出会う、
彼女が彼女自身に出会う、
お互いが相手のなかに自分自身を発見する。
それが運命的な出会いというものだ。

男は
女性の世界観から
自分のなかに欠落しているものを、
見出すことができる。
これが喜びであり、救いとなる。

ぶつかる

男性だけの世界観は
ほんとうのものじゃない。
女性だけの世界観も
ほんとうのものとはいえない。
この男と女の世界観がぶつかり合って、
そこで初めてほんとうの世界観が生まれるんだ。

本当に男は男で、女は女よ。

私は岡本太郎と共に五十年走ってきた。
自分らしくとか、何が生き甲斐かなんて
考えてるヒマはなかった。十分に、ギリギリに生きた。
極限まで。

ずっと凄い人、いいなあとドキドキしながら、
後を追って走り、時に抱きしめ、一緒に嘆き、笑い、
ここまで来てしまった。
一瞬もたるみはなかった。

ぶつかる

あんなに素敵な人がいたんだぞってことを
もっともっとみんなに教えてあげたい。
太郎さんのような人が
本当に日本に生きていたってことは奇跡よ。

あの人は絶対にごまかさなかった。
生きにくかっただろうと思います。
でも、つらぬいて生きたんだからね。

太郎と敏子

わたくしほど幸せな女はいない。

だって、あんなにステキな男の子とずっと一緒にいられたのよ。

これって奇跡だと思わない？


敏子はいつもそう言って、全速力で突っ走る太郎さんをニコニコしながら嬉しそうに眺めていた。だが、そんな伯母の人生は、太郎さんが亡くなって大きく変わった。

決して前に出ることのなかった彼女が、岡本太郎記念館を立ち上げ、全国を講演に飛びまわり、テレビや雑誌で熱く語り、次々と本を出した。

すべては岡本太郎をつぎの時代に伝えるためだった。

二〇〇五年四月、その敏子が太郎さんの元に旅立った。
ぼくが『明日の神話』の解体と梱包を終え、メキシコから帰ってきた日のことだ。
ぼくは成田で知らせを聞いた。彼女らしい見事な最期だった。
太郎さんとまた一緒になれて、伯母は嬉しくて仕方がないはずだ。
きっといつものように飛び上がって大喜びしているだろう。
再会したふたりが語り合っているような本ができたらいいな、
そんな思いでこの本をつくった。
多くの人が太郎と敏子の関係は常人と違う異端のものだと考えている。
ふたりの生き方に憧れるけれど、自分にはとてもできないと諦めている。
でもそんなことはない。
ふたりの言葉を噛みしめれば、それがわかる。

岡本太郎記念館館長　平野暁臣